tornesuavidamaisfácil

Tolly Burkan

Ações simples para criar
uma vida extraordinária

Tradução
Maria Alayde Carvalho

Editora
Rosely M. Boschini

Assistente editorial
Rosângela Barbosa

Produção e projeto gráfico
Marcelo S. Almeida

Diagramação
Gabriela Antunes

Revisão
Jô de Melo

Capa
Sincromkt

Título original: *Let it be easy*

Copyright © 2005 by James Tolly Burkan

Primeira edição publicada por Wild Canyon Press, uma divisão de Concil Oak Books, Tulsa, Oklahoma.

www.conciloakbooks.com

Todos os direitos desta edição são reservados à Editora Gente.

Rua Pedro Soares de Almeida, 114

São Paulo, SP, CEP 05029-030

Tel: (11) 3670-2500

Site: http://www.editoragente.com.br

E-mail: gente@editoragente.com.br

Dados Internacionais de Catalogação na Publicação (CIP)
(Câmara Brasileira do Livro, SP, Brasil)

Burkan, Tolly
　　Torne sua vida mais fácil : ações simples para criar uma vida extraordinária / Tolly Burkan; tradução Maria Alayde Carvalho — São Paulo : Editora Gente, 2006.

Título original: Let it be easy : simple actions to create an extraordinary life.

ISBN 85-7312-517-9

1. Auto-realização (Psicologia)　2. Conduta de vida　3. Felicidade　4. Otimismo　5. Sucesso I. Título.

06-6158　　　　　　　　　　　　　　　　　　　　　　　　　　　　　　CDD-158.1

Índice para catálogo sistemático:

1. Felicidade : Psicologia aplicada　158.2
2. Otimismo : Psicologia aplicada　158.2
3. Sucesso : Psicologia aplicada　158.2

Sumário

Nota do autor	9
Agradecimentos	11
Introdução	13
4 Pontos simples	**21**
1. Diga a verdade	25
2. Peça o que você quer	33
3. Mantenha sua palavra	41
4. Assuma a responsabilidade por seus atos	49
7 Ingredientes de uma vida extraordinária	**55**
5. Acrescente segurança financeira a sua vida	59
6. Acrescente bons sentimentos a sua vida	67
7. Acrescente dignidade a sua vida	75
Necessidades básicas da vida	**85**
8. Acrescente compaixão verdadeira a sua vida	89
9. Acrescente expressão criativa a sua vida	99
A dimensão espiritual	**105**
10. Acrescente consciência vigilante a sua vida	109
11. Ligue-se a um poder mais alto	123
12. Viva uma nova realidade	131
Onze atitudes para criar uma vida extraordinária	**139**
A décima segunda atitude	**141**

Dedico este livro, com amor, à memória de
DEVA,
minha companheira de trinta anos.
Querida, que você possa dançar para sempre
em paz e alegria.

nota do autor

Quero que meus leitores saibam logo de uma coisa: eu sou uma das pessoas mais felizes que vocês poderiam encontrar. Com pouco mais de 20 anos, no entanto, tentei suicidar-me por duas vezes. Assim, o fato de hoje, aos 57 anos, eu ser uma pessoa feliz, bem ajustada e bem-sucedida é na verdade extraordinário. Sou pai. Sou saudável. E estou livre das dúvidas existenciais avassaladoras que quase me custaram a vida.

Isso não é pouco. A transformação de um suicida potencial em um ser humano equilibrado e cheio de vida representa, para mim, um milagre.

Esse processo de despertar foi uma conseqüência de vários *insights* que mudaram minha maneira de pensar. Eles estão contidos neste livro. Eu não quis escrever um livro igual a qualquer outro, pois o que tenho para compartilhar é diferente de tudo o que você já leu. Este livro é um chamado, um despertar.

Tolly Burkan
Twain Harte, Califórnia

agradecimentos

Gostaria de agradecer a meu irmão, Barry Burkan, pelo tempo que dedicou ao aprimoramento dos originais deste livro. Quero também expressar minha gratidão a todos os meus professores, presentes e passados, numerosos demais para nomear. Eles, porém, sabem o papel que representaram em meu processo de evolução pessoal.

introdução

Você é o criador de sua vida, e pode fazer dela um paraíso ou um inferno. Se estiver em constante luta com suas finanças, seus relacionamentos, sua saúde e sua carreira, a vida será um inferno. Mas, se aprender a deixar as coisas fluírem e se materializarem com calma, a vida poderá tornar-se um paraíso.

A vasta maioria das pessoas considera a vida uma batalha. A razão disso é o fato de que nunca aprenderam que a existência pode ser simples, assim como ninguém nunca lhes ensinou a conduzir suas atitudes com a calma, a coragem, a segurança e a paz que transformam a vida em uma experiência rica, gratificante e cheia de alegria.

A escola tradicional nos ensina, desde cedo, a dominar as ciências e as artes. Aprendemos, em casa, as habilidades necessárias à interação social. Os cursos superiores nos capacitam a ganhar a vida exercendo uma profissão. Mesmo assim, após a obtenção de todo esse conhecimento, por que tantas pessoas continuam tão infelizes? Será que isso acontece porque atingimos a idade adulta apenas para compreender que nos falta alguma coisa essencial? Nunca nos ensinaram como ser felizes, como desenvolver a auto-estima nem o que fazer para conduzir nosso destino.

Idéias simples + Atitude = Mudança poderosa

Existe em nossa cultura a crença histórica de que, para adquirir qualquer coisa de valor, é preciso lutar muito por ela. Eu mesmo passei décadas pautando minhas ações segundo esse paradigma universal. Nunca me ocorreu a possibilidade de simplesmente facilitar minha vida. Agora, no entanto, em vez de me esforçar para *fazer* com que as coisas aconteçam, aplico a estratégia de *deixar* que as coisas aconteçam. Como resultado, estou mais saudável, mais feliz e mais próspero do que jamais poderia imaginar. Se a vida lhe parece estressante, monótona ou limitada, esse é um sinal de que alguma coisa vital está faltando e você se permitiu parar de crescer. Este livro lhe oferece uma fórmula simples de auto-análise, reveladora dos aspectos importantes que fazem falta em sua caminhada. Após a leitura, você finalmente se tornará capaz de tomar o controle de sua vida de modo a conseguir tudo aquilo que sempre desejou. Será capaz também de identificar e eliminar tudo aquilo que não deseja. Essa promessa talvez lhe pareça pretensiosa, mas tenha certeza de que muita gente está atingindo esse mesmo objetivo neste exato momento.

Os segredos desse conhecimento estão ao alcance de todas as pessoas dispostas a enxergar além dos limites do campo tradicional da educação e a experimentar algumas atitudes simples e profundas.

Este livro sugere ações que poderão imediatamente enriquecer sua vida e gerar um ambiente favorável ao desenvolvimento da harmonia e da auto-realização. São idéias simples, mas capazes de produzir resultados fantásticos. Quando tomar essas atitudes, você descobrirá uma notável diferença de qualidade em sua vida. Elas poderão transformar suas experiências cotidianas e lhe proporcionar uma grande sensação de bem-estar, além de aprimorar seu relacionamento com os outros e de ajudá-lo a tornar-se mais bem-sucedido, próspero e cheio de vida.

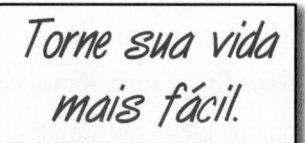

> Torne sua vida mais fácil.

Algumas vezes, ao longo da trajetória da vida, nós nos afastamos tanto de nós mesmos que, embora sentindo que alguma coisa não vai bem, não conseguimos saber exatamente do que se trata. Após a leitura deste livro, entretanto, você poderá parar, a qualquer momento, mergulhar em seu íntimo e perguntar-se: "O que eu deveria estar fazendo agora?" Se refletir o suficiente para fazer essa pergunta, haverá uma resposta. E ela poderá ser: você negligenciou uma das atitudes aqui recomendadas.

As idéias contidas neste livro são tão simples e diretas que o mero fato de tomar conhecimento delas bastará para aprimorar sua maneira de pensar de modo a produzir mudanças notáveis e imediatas em sua vida. Para dar maior amplitude a seus potenciais, estabeleça o dia de hoje como o início de uma nova fase de sua existência – durante a qual você se comprometerá a tornar-se um ser humano mais consciente e mais conscienioso. Se utilizar este livro como ponto de partida, o processo todo se revelará mais fácil do que imagina. Mas será preciso tomar algumas atitudes. *Torne sua Vida Mais Fácil* é uma obra alicerçada em onze idéias. As primeiras quatro idéias são simples lembretes. Há depois os sete ingredientes de uma vida extraordinária. Juntos, eles apresentam onze atitudes que você pode adotar se quiser obter o máximo de sua vida.

Tome uma atitude agora!

Escreva a frase "Torne sua vida mais fácil" em várias fichas ou pedaços de papel.

Cole uma no espelho do banheiro.

Fixe outra na porta do refrigerador.

Ponha outra ainda no painel de seu carro.

Acomode mais uma em sua carteira.

Coloque outro lembrete em sua mesa de trabalho.

Observe, durante os próximos dias, como você complica a vida quando diz a si mesmo que certas tarefas são difíceis.

Pense numa forma de mudar sua percepção dessas tarefas.

Lembre-se de que, comparadas a um parto, por exemplo, certas tarefas são facílimas.

Mantenha essa mudança de perspectiva concentrando-se conscientemente nas fichas todos os dias. Permita que elas sejam de fato um lembrete de sua capacidade de superar as dificuldades de modo diferente do passado.

> **Perceba** como a resistência a certas mudanças de atitude gera, na verdade, mais estresse do que a disposição de aceitá-las.
>
> Você aprenderá, gradativamente, as lições de vida necessárias através dos próprios *insights* que passará a ter. Assim, logo começará a escolher com naturalidade os caminhos que lhe provocarão menos resistência, e a vida se tornará **muito** mais simples.
>
> ## Torne sua vida mais fácil.

Ensine para aprender

A vida é feita de desafios. Eles nos ajudam a crescer e a amadurecer. É nosso estado mental que torna esses desafios mais difíceis ou menos difíceis – ou até mesmo fáceis.

Se você quiser desfrutar paz de espírito e atuar de forma positiva no mundo exterior, terá de agir conforme aquilo que diz. Terá de tornar-se um exemplo de suas crenças. Você precisará ser uma pessoa coerente. Quando descobrir qualquer discrepância ou contradição em sua maneira de viver, faça disso um sinal de alarme para chamar sua atenção sobre as condutas que devem ser trabalhadas.

Não se culpe por não ser um modelo de perfeição, apenas observe e identifique as arestas de sua personalidade que ainda precisam de polimento. Com o tempo, você revelará o brilho e a harmonia de uma jóia bem lapidada. Notará também, à medida que evoluir, as transformações que surgirão em você. Descobrirá que as situações que o deixavam fora de si são agora resolvidas com dignidade e firmeza. Outras situações, no entanto, ainda permanecem um desafio para você, mas isso é normal. Assim como uma flor que desabrocha, você se encontra em pleno processo de evolução. Se tentar forçar uma rosa a se abrir, apenas conseguirá destruí-la. Veja a si mesmo como essa rosa. A vida me fez compreender que a melhor forma de aprender uma habilidade é ensiná-la aos outros. Durante o processo de aprendizagem, você será forçado a assimilar a habilidade, pois terá de demonstrá-la. Os melhores professores ensinam através do exemplo. Caso tenha filhos, por certo já sabe que o exercício da paternidade é a oportunidade ideal de ensino e de crescimento pessoal simultâneos – para você e suas crianças.

> **Seu desenvolvimento pessoal causará efeitos profundos.**

Há muitas habilidades que não podem ser ensinadas, mas podem ser assimiladas. Tentei ensinar meus filhos a ser bons amigos através da observação da maneira como eu trato *meus* amigos. Ajudo as pessoas de meu círculo de amizades quando é necessário: dou carona a elas, por exemplo, quando seu carro está na oficina e trabalhamos próximos. Quando um amigo encontra-se em dificuldade financeira, tento auxiliá-lo em suas necessidades e ajudá-lo a dar a volta por cima.

Ensino generosidade a meus filhos fazendo-os perceber a importância que essa qualidade tem em minha vida: não apenas procuro ser generoso com eles e com minha família como também os incentivo a praticar a generosidade com os outros. Quando faço doações ou trabalhos voluntários, conto a eles o que fiz e por que fiz isso.

Deixe sua luz brilhar

À medida que você desenvolver a consciência, a atuação positiva no mundo e o crescimento pessoal, sua "luz" começará a brilhar. Essa luz não apenas fará bem a você mesmo como também trará benefícios efetivos aos outros – deixe, portanto, que todos vejam seu brilho! A paz, a confiança e o bem-estar que você sentir poderão ser uma inspiração para aqueles que o cercam. Alguém já disse antes que não devemos esconder nossos talentos.

Quanto mais assimilar o conteúdo deste livro, mais as pessoas notarão as mudanças que se operam em você. Não será preciso *falar* do que está fazendo, bastará deixar que os outros *vejam* sua transformação. Quase sem querer, você passará a ensinar através do exemplo, e as pessoas começarão a procurá-lo com perguntas abertas e sinceras. Sua influência benéfica sobre elas será maior e mais eficaz se você simplesmente permitir que se aproximem em vez de abordá-las com a intenção de transformá-las.

Sua sinceridade vai, inevitavelmente, impressionar seus amigos. Vendo seu crescimento, eles ficarão motivados a crescer também – porque agora suas palavras e ações constituem um exemplo dessa "nova" pessoa que você é. Assim, seu crescimento pessoal causará um efeito profundo, com a força de uma onda, permitindo-lhe contribuir com o aprimoramento geral do planeta.

Este livro vai acelerar o desenvolvimento de seus potenciais com muita rapidez. Nesta época de ceticismo e de alta tecnologia, tal promessa talvez pareça pretensiosa demais. Durante a leitura desta introdução, no entanto, você provavelmente sentiu no íntimo a ressonância de uma emoção motivadora. Seu instinto e sua intuição são capazes de distinguir a diferença entre verdade e exagero – e você poderá compreender prontamente que as idéias contidas neste livro produzirão resultados rápidos e notáveis.

Procurei, tanto quanto possível, assimilar eu mesmo as informações que passarei a compartilhar agora com você. Mas confesso, com toda a honestidade, que jamais consegui alcançar a perfeição absoluta. Uma vez que sou meu crítico mais severo, preciso tomar cuidado para não me culpar nem desanimar quando percebo meus erros. Pode ter certeza de que eu também estou sempre lembrando a mim mesmo que devo facilitar minha vida.

A julgar pelas aparências, muitas pessoas que me conhecem poderiam dizer que sou um bom exemplo daquilo que ensino. E sou – na maior parte do tempo. Mas eu não sou quem elas *pensam* que sou. As pessoas, no entanto, pensam que sou quem *serei* quando *eu me tornar* quem elas pensam que sou.

4 Pontos simples
+ 7 Ingredientes
11 Idéias poderosas

Este livro está alicerçado em onze idéias. As primeiras quatro idéias, apresentadas nos quatro capítulos seguintes, são simples lembretes. Virão em seguida sete ingredientes de uma vida extraordinária. Juntos, eles sugerem onze atitudes que você poderá adotar se quiser obter o máximo de sua vida. Simples, mas poderosas, essas onze idéias farão profunda diferença em suas experiências diárias. Prossiga na leitura deste livro para ver como a vida poderá ser fácil se você permitir.

ponto # 1

Capítulo 1

diga a verdade

A atitude de dizer a verdade é mais do que simples obrigação social. Quando se atém à verdade como um compromisso com seu crescimento pessoal, você sintoniza, de fato, um poder tremendo: a *Verdade,* assim, com maiúscula. Ao descrever um sentimento ou uma experiência por que passou, você diz a verdade. Quando, porém, comenta um rumor ou uma calúnia, não está necessariamente difundindo uma verdade. As palavras possuem um poder inacreditável, e você deve ter o cuidado constante de assegurar-se de que suas palavras tragam apenas benefícios para si mesmo e para os outros.

Fale com sinceridade de suas experiências interiores e suas palavras serão uma ponte que vai aproximar você das outras pessoas. Essa intimidade crescente será o reflexo de seu amor instintivo pela sinceridade. É maravilhoso ouvir alguém que afirma: "Quero apenas dizer a verdade sobre meus sentimentos".

> *Diga a verdade.*

À medida que desenvolver a capacidade de monitorar o que diz, você descobrirá que, ao falar a verdade, se sentirá melhor perante si mesmo e em seu relacionamento com os outros. As pessoas reconhecerão sua integridade, e você será considerado merecedor de toda a confiança delas. Quando você recebe a confiança e o respeito dos demais, sua tendência é desenvolver por eles, com maior facilidade, a mesma confiança e o mesmo respeito, e isso enriquece enormemente a qualidade de suas experiências cotidianas. O cultivo da verdade faz parte da sabedoria antiga, e seu poder é reconhecido há milhares de anos pela humanidade. A harmonia com a verdade ampliará sua auto-estima, e você verá constantemente o reflexo do respeito em sua relação com todas as pessoas.

Você não diz a verdade quando exagera. Ao enfeitar demais suas frases, deixa de passar informações exatas. As pessoas quase sempre justificam as "mentiras brancas" e não percebem que assim não estão sendo sinceras. É possível dizer a verdade sem deixar de levar em consideração os sentimentos dos outros, e isso será sempre preferível a uma "mentira branca". Há, por exemplo, pelo menos duas maneiras de dizer a mesma coisa: "Ela tem uma cara que poderia deter os relógios" ou "O rosto dela faz o tempo parar".

Recupere o poder pessoal

Já ouvi pessoas que exageram e enfeitam tanto suas frases que acabam por contar mentiras deslavadas. Costumamos dar diversos rótulos a essas pessoas, e nenhum deles é favorável. Além disso, a credibilidade delas sofre muitas vezes danos irreversíveis. Se você age assim com freqüência, deve levar em consideração o fato de que essa atitude reduz drasticamente seu poder pessoal. Por ironia, esse tipo de comportamento é característico das pessoas que tentam causar boa impressão. Não há dúvida de que esse exagero é quase sempre identificado como tal e, em vez de causar a boa impressão desejada, diminui as pessoas diante de seus interlocutores. Você pode ajudar a si mesmo a desenvolver habilidades impecáveis nesse aspecto observando atentamente os outros, quando exageram, e fazendo uma pergunta muito simples: "Essa informação é exata?"

> ### Tome uma atitude agora!
>
> Estas atitudes simples ajudarão você a garantir que vai dizer sempre a verdade.
>
> **Decida** monitorar e ter consciência das coisas que diz.
>
> **Aprenda a notar** o exato momento em que você deixa de dizer a verdade.
>
> **Observe** seus desvios do caminho do poder pessoal e **lembre-se** de que deve evitar esses desvios.
>
> **Corrija-se** em voz alta, se possível, e diga uma frase como: "Bom, de fato não foi bem assim, essa não é exatamente a verdade".
>
> As pessoas terão, de imediato, mais respeito por você pelo simples fato de testemunhar sua determinação de ser verdadeiro.
>
> **Torne sua vida mais fácil.**

A atitude de dizer a verdade é muito melhor e mais confortável do que o comprometimento de sua integridade. Além disso, a consciência de que os outros sabem que você *sempre* diz a verdade faz maravilhas por sua auto-estima.

Lembre-se:

Você facilita sua vida quando diz a verdade

ponto # 2

Capítulo 2

peça o que você quer

Você poderá colher benefícios imediatos da atitude de dizer a verdade apenas lembrando-se do segundo ponto importante: peça pelo que deseja. Durante as refeições, à mesa, você pede a alguém para passar-lhe o sal, e não se julga culpado nem dominador por causa disso. Parece fácil, não é mesmo? Se isso é tão simples, por que tantas pessoas relutam em pedir uma massagem nos ombros quando sentem dores musculares dilacerantes nas costas? Será muito mais provável que você receba a massagem de que precisa se pedir por ela do que se ficar acomodado no papel de vítima silenciosa da dor. A capacidade de pedir sinceramente por aquilo que você quer demonstra um grau saudável de auto-estima, capaz, portanto, de transformar sua vida.

Antes de pedir o que quer, sem dúvida, você precisa saber o que deseja. A maioria das pessoas, infelizmente, passa a vida toda sem saber de fato o que quer. Elas apenas estão certas de uma coisa – não têm o que desejam. Não basta, por exemplo, dizer apenas: "Quero um emprego melhor". É preciso ser específico: quanto você espera ganhar, como imagina que seja o ambiente de trabalho, como gostaria que fosse seu futuro chefe? Quanto mais específico você for, mais provável será conseguir o que realmente deseja.

Tenho uma amiga que, sozinha, criou dois filhos adolescentes. Nunca pediu a nenhum dos dois para ajudá-la nas tarefas domésticas. Ela cozinhava, lavava a louça e a roupa e fazia todo o serviço caseiro. Isso era tão desgastante que, no fim de cada dia, ela caía, exausta, na cama. Durante uma visita que lhe fiz, certa tarde, minha amiga se preparava para lavar as janelas. Os dois meninos estavam no quarto, entretidos com o computador. Perguntei: "Jane, por que não pede aos rapazes para fazer essa tarefa?" Sua resposta foi: "Eles estão se divertindo com os videogames, não quero interrompê-los". Imaginei que espécie de complexo de mártir ela devia cultivar. Mesmo assim, chamei os dois adolescentes e disse: "Sua mãe parece muito cansada, mas as janelas precisam de limpeza. Por que vocês não a ajudam?" Ambos me atenderam prontamente e, animados, puseram mãos à obra. Brincavam e riam enquanto trabalhavam, e em poucos minutos as janelas estavam brilhando. Eles, na verdade, adoraram a oportunidade de facilitar a vida da mãe. Eu, no entanto, fiquei atônito ao ver que Jane nunca sequer pensara em pedir a ajuda dos filhos.

Diante do entusiasmo dos dois meninos com a oportunidade de fazer alguma coisa de valor para a mãe, eu percebi que Jane, na verdade, prestava um serviço a eles ao permitir que a ajudassem.

A força da habilidade de pedir o que você deseja não se limita ao fato de dizer isso às pessoas. É também possível pedir *silenciosamente*. Todas as manhãs, por exemplo, Jane pode, antes mesmo de se levantar, "pedir" o que deseja para seu dia. Pode visualizar a alegria de seus filhos enquanto dividem com ela as tarefas domésticas. Pode imaginar que suas interações com eles sejam sempre cordiais e bem-humoradas. Pode, enfim, rezar para que ela e os filhos se tornem cada vez mais amigos.

Prece, meditação, visualização e pensamento positivo são várias maneiras de pedir pelo que você quer. Para atingir seus objetivos, o segredo é a persistência. Mantenha-se concentrado naquilo que deseja sem, no entanto, exigir demais nem impor condições. Aprenda a pedir. Não se deixe torturar pela impaciência e nunca permita que sua felicidade dependa da realização daquilo que você quer. Basta deixar bem claros seus desejos e suas necessidades. Esse é o primeiro passo para a concretização deles. Lembre-se de pedir alegria, paz e felicidade – antes mesmo de sair da cama pela manhã. O que você dará a si próprio no dia que está começando? Não esqueça: *facilite sua vida*.

> *Peça o que você quer!*

Pense antes de pedir

Dentre os quatro pontos apresentados neste livro, a capacidade de pedir o que você quer parece simples demais, talvez até óbvia. Nós, entretanto, a negligenciamos completamente de várias maneiras, todas sutis. Algumas mulheres jamais conseguem a atenção que esperam do marido. Não há razão para sofrer com esse dilema. Bastaria que pedissem o que querem: "Seja delicado comigo" ou "Acompanhe-me nas compras". São frases simples e diretas que podem fazer surgir o resultado desejado em qualquer aspecto do relacionamento conjugal. Não subestime o poder da capacidade de *pedir o que você quer*.

Muitas pessoas tendem, com freqüência, a supor que seus pedidos não serão atendidos e, assim, nem sequer chegam a expressá-los.

Tome uma atitude agora!

Desenvolva a habilidade de solicitar o que você quer começando com pedidos de ajuda.

Eis algumas sugestões de atitudes adequadas:

Peça a alguém para ajudá-lo a lavar o carro, a estender no varal a roupa lavada ou para indicar um bom adestrador de cachorros.

Lembre-se de sentir gratidão e será muito fácil aceitar a ajuda que recebe.

> **Observe** o que você sente quando pede o que deseja.
> Fica estressado?
> Considera-se indigno de receber o que deseja?
> Você supõe que não será atendido mesmo antes de pedir o que quer?
> Você fica muito agradecido e sensibilizado?
>
> Caso seu pedido não seja atendido:
>
> **Considere** o que aconteceria se você fizesse seu pedido de outra maneira.
> **Persista** e peça a ajuda de outra pessoa até conseguir o que você deseja.
>
> Continue a praticar com pedidos simples até sentir-se completamente à vontade para solicitar o que você deseja.
>
> ## Torne sua vida mais fácil.

Acostume-se a solicitar o que você quer começando com pedidos simples de ajuda.

Se nunca fez isso antes, você talvez precise de algum tempo até conseguir pedir com naturalidade por aquilo que deseja. Uma vez adquirida, contudo, essa habilidade poderá trazer grande conforto e tranqüilidade a sua vida.

> **Lembre-se:**
>
> Você facilita sua vida quando pede o que quer

ponto # 3

Capítulo 3

mantenha sua palavra

Você faz questão de dizer a verdade e aprendeu a pedir o que deseja. Ótimo! Pode agora utilizar essas habilidades para ajudá-lo a assimilar o terceiro ponto: manter sua palavra. Se você não se mostrar fiel a suas promessas nem for capaz de dizer o que quer ou precisa, como será possível cumprir seus compromissos? Isso é o mesmo que se preparar para o fracasso.

Você está agora, com a nova compreensão que adquiriu, pronto a assumir o poder da capacidade de dizer a verdade e de pedir pelo que deseja quando estabelecer qualquer tipo de acordo com as outras pessoas e consigo mesmo. Promessas e boas intenções são maravilhosas, mas, se você não for capaz de cumprir suas obrigações e seus prazos, como poderá honrar seus compromissos? Se não souber pedir o apoio necessário, você apenas vai preparar-se para o fracasso. Além disso, será impossível manter sua palavra caso algum projeto maior exija a solicitação de recursos externos para atender a certas tarefas.

A natureza dos compromissos

Uma vez decidido a manter sua palavra, você sempre é capaz de notar, de imediato, quando deixa de cumprir um compromisso assumido. Se, por exemplo, combinar um encontro com um amigo e o fizer esperar por meia hora por causa de um atraso seu, você saberá perfeitamente que não cumpriu o combinado. Essa é uma forma infalível de criar obstáculos a qualquer entendimento. Se você se comprometer seriamente a *manter sua palavra,* verá com toda a clareza quanta harmonia ou desarmonia estará gerando em seu universo. Essa disposição para a firmeza talvez pareça trivial. Se você, no entanto, não respeitar nem mesmo seus compromissos mais banais, o caminho de sua vida nunca será completamente tranqüilo.

Na condição de pai, eu me senti plenamente gratificado pela tentativa bem-sucedida de ensinar esse conceito a minha filha. Desde que nasceu, a menina tem visto o nível de importância que dou ao cumprimento de meus compromissos. Quando ela, por sua vez, promete arrumar seu quarto, mas não mantém a palavra dada, eu chamo gentilmente sua atenção para o fato de não ter cumprido essa tarefa. Nunca fui severo demais na aplicação dessa regra, mas tento ajudá-la a compreender a natureza dos compromissos.

Quando deixamos de cumprir a palavra dada, provocamos o desapontamento ou a insatisfação dos outros como uma reação natural e inevitável a nossas atitudes. Muitas discussões, muitos conflitos familiares e processos judiciais têm origem no rompimento de compromissos assumidos. Esses acordos são muitas vezes escritos e recebem o nome de contratos. Por outro lado, há acordos selados por um aperto de mão entre duas pessoas. Eles também podem ser explicitamente verbalizados ou apenas ficar implícitos.

> *Eu mantenho minha palavra.*

O fator confiança

Uma vez que acordos e compromissos se baseiam na confiança recíproca, seu rompimento faz com que as pessoas se sintam, com freqüência, desrespeitadas ou traídas. Os sentimentos provocados pela ruptura da palavra dada são, entre outros, a raiva, a decepção, o pânico, o ressentimento e até a indignação. Por que motivo, portanto, você se exporia a qualquer dessas emoções? Quando se der conta do vínculo existente entre o rompimento da palavra e as emoções negativas, você com certeza ficará mais motivado a gerar harmonia em sua vida respeitando seus compromissos.

Sempre que perceber a impossibilidade de cumprir um acordo, entre imediatamente em contato com as pessoas envolvidas, explique a situação e renegocie os termos previamente combinados. Tome essa atitude assim que se tornar óbvio qualquer fator que o impeça de executar o que se comprometeu a fazer. Essa conduta é particularmente importante nos compromissos profissionais, nos deveres escolares de todos os níveis e também nas entrevistas de emprego. O velho ditado é ainda bastante verdadeiro: "Você jamais terá a segunda chance de causar a primeira impressão".

Tome uma atitude agora!

Eis algumas sugestões de atitudes simples que ajudarão você a lembrar-se do terceiro ponto importante.

Considere um de seus compromissos mais freqüentes e comuns: encontrar-se com alguém em determinado horário.

Faça um esforço consciente para comparecer na hora marcada (justificativas pelo atraso nem sempre são aceitáveis).

Entre **imediatamente** em contato com a pessoa com quem marcou encontro quando perceber que vai atrasar-se ou não puder comparecer (se for necessário, transfira a data ou o horário do compromisso).

Pense nos contratempos. Considere a possibilidade de haver trânsito congestionado e saia com a devida antecedência. Se, apesar de seus cuidados, ainda surgir qualquer outro obstáculo imprevisível que o impeça de atender ao compromisso, recorra ao telefone.

As pessoas sempre apreciam a sincera e genuína demonstração de respeito por seu tempo e seus sentimentos. Um simples telefonema no momento certo deixará evidente sua consideração, assim como a valorização do tempo delas, que deve ser equivalente ao apreço que você tem por seu próprio tempo. Quando tratamos as pessoas com o respeito que merecem, recebemos de volta o mesmo respeito.

Torne sua vida mais fácil.

Quando as circunstâncias mudam

À medida que consolidar a decisão de honrar seus compromissos, aqueles que não forem cumpridos vão parecer incômodos alfinetes a espetar você. Não é uma sensação muito agradável, não acha? Pois acredite em mim: a sensação da pessoa com a qual você falhou é *pior ainda*. Mas esse tipo de contratempo deve ser evitado. Se você perceber que não pode cumprir um compromisso, procure as outras partes envolvidas e *renegocie*. As circunstâncias mudam com freqüência, e a maioria das pessoas compreende esse fato da vida. Quando ocorre alguma coisa que torna impossível o cumprimento do compromisso original, a atitude mais honrosa é de fato comunicar imediatamente o problema e tentar estabelecer um novo acordo que satisfaça a todos os envolvidos.

O poder pessoal não deriva de ações esporádicas e isoladas. É, pelo contrário, o resultado do conjunto de todos os seus esforços e comportamentos. Nunca subestime a força que você pode obter quando mantém sua palavra.

Lembre-se:

Você facilita sua vida
quando mantém a palavra

ponto # 4

Capítulo 4

assuma a responsabilidade por seus atos

Nós julgamos, com demasiada freqüência, que as outras pessoas são as causadoras de nossos sentimentos e de nossas ações. "Ele me deixou irritada" ou "Ela me faz bem" são frases que negam nossa capacidade de criar experiências próprias. Os acontecimentos externos atuam como meros estimuladores de situações. Mas nós somos livres para escolher nossa resposta a essas situações. Você, por exemplo, não é um robô que deve reagir automaticamente de determinada forma quando um botão é acionado. Pelo contrário, tem a liberdade de selecionar a reação que deseja.

Os três pontos importantes já sugeridos neste livro (diga a verdade, peça o que você quer e mantenha sua palavra) podem, é óbvio, enriquecer a qualidade de sua vida. O ponto verdadeiramente miraculoso, no entanto, é o quarto. Tão logo desistir de lançar sobre os outros a culpa por suas ações, você passará a compreender a realidade de uma perspectiva inteiramente nova. Em vez de dizer "ele me deixou irritada", você pode refazer sua experiência afirmando: "Quando ele se comporta dessa forma, eu recordo situações semelhantes do passado e reajo com raiva". Com essa atitude, você assume a responsabilidade por suas ações *além* de dizer a verdade. Pare de ver a si mesmo como a eterna vítima das circunstâncias. Ao aceitar as responsabilidades pessoais, você perceberá ser capaz de transformar *internamente* qualquer experiência. As pessoas poderão dizer ou fazer o que quiserem, mas você não será obrigado a reagir sempre da mesma maneira. É *você* que fica zangado, assim como é *você* que se sente feliz. Você é o dono de sua vida. A questão não é o que acontece, e sim o que você *escolhe* fazer diante dos fatos.

> Você escolhe suas reações.

Dez pessoas diferentes, conforme a formação que receberam, podem manifestar dez reações distintas diante da mesma situação. *Cada um de nós cria a própria experiência com base no passado.* Ninguém deve ter a pretensão de saber o que as outras pessoas sentem. Podemos apenas ter certeza de nossas experiências. Na condição de seres humanos, também temos a capacidade de transformar cada uma dessas experiências. Se você, por exemplo, está passando por uma crise, pode optar por *aprender* e *crescer* com isso. É possível, na verdade, fazer uso de *qualquer* circunstância para sentir alegria ou para favorecer o crescimento pessoal. Dessa maneira, você jamais se sentirá novamente como um perdedor na vida. Quando você escolhe a alegria ou o aprimoramento pessoal diante de cada situação, a vida se torna uma aventura constante, e nunca uma batalha.

Ao assumir a responsabilidade por suas ações, você descobrirá a possibilidade de modificar aspectos de sua vida que antes eram motivo de lamentação e remorso. O futuro parecerá, de repente, cheio de luz e de infinitas oportunidades e você será capaz de obter o controle de seu destino e de moldar suas experiências conforme preferir.

Costumo dizer às pessoas, em meus seminários, que, embora talvez tenham desempenhado o papel de "vítima" no passado, podem mudar sua postura e aprender com as circunstâncias tomando outras atitudes no presente. Sugiro algumas dessas ações no quadro abaixo:

Tome uma atitude agora!

1. Escreva, numa folha de papel, uma situação do passado recente que fez você perder o controle.

2. Identifique as emoções negativas que sentiu na ocasião, isto é, raiva, vergonha, culpa, sofrimento ou desespero, entre outras.

3. Tente recordar os pensamentos que cruzaram sua mente no momento exato em que experimentou essas sensações desagradáveis. Em outras palavras, *o que você disse a si mesmo?*

4. Imagine a cena toda, como se a visse em uma tela de cinema.

5. Reescreva agora a situação e escolha uma nova reação de sua parte. O que você poderia dizer a si mesmo para gerar uma conduta diferente da primeira?

6. Tente, no futuro, analisar e modificar a situação *enquanto ela ocorre*, e não depois que já se consumou.

Se adotar as atitudes sugeridas acima, você poderá livrar-se dos comportamentos estereotipados e desfrutar a liberdade e o poder pessoal advindos da capacidade de criar as próprias experiências. Compreenderá, cada vez mais, que suas ações estão ligadas às coisas que diz a si mesmo. Não é o *fato* que gera suas emoções, e sim suas *reações internas*.

Lembre-se:

Você facilita sua vida quando assume a responsabilidade por seus atos

7 ingredientes de uma vida extraordinária

A simples compreensão dos quatro pontos que acabei de comentar será suficiente para aprimorar sua vida – mesmo que você jamais conclua a leitura deste livro. Mas, se seu objetivo for de fato realizar plenamente seus potenciais, eu sugiro que leia os capítulos seguintes, que apresentam os sete ingredientes de uma vida extraordinária.

Você pode utilizar *os quatro pontos simples a lembrar* como recursos que o ajudarão a acrescentar os sete ingredientes de uma vida extraordinária a sua existência, tornando-a, assim, igualmente extraordinária.

Torne sua vida mais fácil.

ponto # 5

Capítulo 5

acrescente segurança financeira a sua vida

Não será possível ser feliz nem crescer emocionalmente se nossas necessidades básicas de segurança não forem satisfeitas. E segurança significa garantia de alimentação, de vestuário e de moradia. Na sociedade atual, o dinheiro é indispensável para a manutenção das três coisas. O dinheiro é o recurso que nos permite a sobrevivência básica. Se não tivermos alimento, roupas nem moradia, a felicidade se tornará praticamente impossível. Será difícil motivar uma pessoa a lutar por qualquer coisa na vida se ela não souber como conseguirá nem de onde virá sua próxima refeição.

Durante a infância, evidentemente, nossas necessidades fundamentais são atendidas pelos pais ou pela família. Na idade adulta, porém, quase todos dependemos de uma fonte monetária de recursos para conseguir pelo menos cuidar de nós mesmos. Antes de procurar a felicidade no mundo exterior, analise sua capacidade de proporcionar a si mesmo o sustento básico.

Eu sou pobre

Caso você precise de orientação em suas questões financeiras, fique tranqüilo: vivemos, felizmente, uma época de muitos cursos, treinamentos e livros sobre essa área. Através da internet ou de qualquer outro recurso, é possível obter assessoria de boa qualidade para conseguir uma situação econômica confortável. Se você costuma "brigar" com seu orçamento, procure ajuda. Enquanto não se sentir financeiramente seguro, todos os outros aspectos do crescimento pessoal lhe parecerão muito difíceis. Isso não significa, porém, que você não deva desenvolver esses outros aspectos de sua vida enquanto tenta fortalecer suas finanças.

Por mais desprovido de recursos que você se julgue, sempre haverá alguém em situação pior que a sua. Se você se sente "pobre", vai aprisionar a si mesmo em uma armadilha criada por esse modo de pensar. A segurança, como tudo mais na vida, é, acima de tudo, um reflexo de seu estado mental. Torna-se, portanto, imperativo corrigir os pensamentos negativos antes de iniciar sua busca de segurança financeira.

Se quiser sentir-se próspero hoje mesmo, comece pela prática comprovadamente eficaz da doação do dízimo. Por menores que sejam seus recursos, não será tão difícil doar a décima parte do que você recebe por mês. Esses 10% representam uma quantia módica que passará quase despercebida e não causará maior impacto em seu estilo de vida.

Quando você faz doações, seu subconsciente lhe diz que há dinheiro bastante para economizar. A soma doada não é relevante. O que importa é parar de pensar em si mesmo como uma pessoa "pobre". Todas as transformações começam com a mudança da maneira de pensar.

Eu sou rico

Em vez de passar o tempo todo lamentando sua situação financeira, você agora vai pensar em formas criativas de doar algum dinheiro. Há várias alternativas: destinar *anonimamente* certa quantia a uma pessoa carente ou apoiar uma instituição de caridade. Além disso, sempre surgem oportunidades de prestar eventuais gentilezas, como pagar a passagem de ônibus ou o lanche de um amigo. Sua imaginação é seu limite.

> **Tome uma atitude agora!**
>
> Enfrente as questões de segurança financeira de sua vida em quatro etapas:
>
> **1.** Diga a verdade sobre sua situação financeira. Verifique se há estresse decorrente da carência de dinheiro. Expresse com honestidade qualquer insatisfação que sentir com relação a suas finanças.
>
> **2.** Peça aquilo que deseja no aspecto financeiro. Isso significa que você deve avaliar cuidadosamente o que quer de fato, sendo muito específico. Vá além daquilo que precisa, analise bem seus desejos e permita-se almejar as boas coisas que o dinheiro pode comprar.
>
> **3.** Faça um acordo financeiro consigo mesmo e mantenha esse acordo. Comprometa-se a tomar atitudes que possam gerar maior estabilidade financeira para sua vida. Estabeleça metas realistas que lhe permitam avaliar seu êxito e, em seguida, mantenha sua palavra concretizando as atitudes necessárias.
>
> **4.** Assuma a responsabilidade por suas experiências financeiras.
>
> **Torne sua vida mais fácil.**

Esse processo pode ser desafiador, instigante, motivador, estimulante e até divertido – ou *não*. A escolha é sua. Você criará suas experiências da forma que quiser adotando e consolidando de antemão suas atitudes e suas pretensões.

Lembre-se:

Você facilita sua vida quando acrescenta segurança financeira a ela

ponto # 6

Capítulo 6

acrescente bons sentimentos a sua vida

O segundo ingrediente de uma vida extraordinária é o cultivo constante de bons sentimentos. A alegria pode ser proporcionada por um passeio, uma peça de teatro, um ato de amor, uma boa refeição, pela meditação, pela música, pelas viagens, pelo riso, pelas relações afetivas ou por qualquer outra atividade que você aprecie. Você deve ser capaz de acordar todas as manhãs e sentir que a vida é boa, que vale a pena viver cada novo dia. Não é raro ouvir casos dramáticos de pessoas que, embora possuidoras de muitas riquezas, acabaram por suicidar-se. É evidente que o dinheiro, por si só, não pode proporcionar felicidade. Sua vida cotidiana deve *ser* de fato boa. Isso é absolutamente necessário se você quiser sentir-se plenamente realizado.

Se os *bons sentimentos* estiverem ausentes de sua vida, você provavelmente vai considerá-la ruim ou vazia. Essa insatisfação pode ser ilustrada por uma situação ocorrida na cidade de Nova York. Hilda Charlton, professora de Manhattan, já falecida, foi certo dia abordada, depois da aula, por um jovem que lhe confessou estar extremamente deprimido.

"Por que você me conta isso?", perguntou ela.

"Eu tinha a esperança de que me recomendasse alguma coisa", respondeu o rapaz.

"Se eu lhe disser o que deve fazer, você promete que me atenderá?", tornou Hilda.

"Claro!", exclamou o jovem.

Hilda então o aconselhou a entrar na primeira mercearia que encontrasse no caminho e a comprar um pacote de chocolate em pó e todos os demais ingredientes necessários para fazer um bolo de chocolate. Sugeriu-lhe ir para casa, assar o bolo, esperar que esfriasse, comer uma bela fatia e em seguida telefonar para ela.

Mais tarde, já de noite, o telefone de Hilda tocou:

"Alô, Hilda, eu acabei de comer o bolo".

"E como se sente?", perguntou ela.

"Muito bem! Não sei o que aconteceu comigo, mas estou ótimo agora."

Há uma velha frase muito verdadeira: "Isso também vai passar". Algumas vezes, é a simples ausência de bons sentimentos que faz a depressão surgir. Você consegue imaginar que alguém que se sente muito bem seja capaz de suicidar-se? Não subestime o valor dos bons sentimentos. Eles são uma necessidade básica da vida. Não negue a si mesmo a alegria de sentir prazer por considerá-la decadente, materialista ou egoística. Muito pelo contrário, a alegria representa uma parte indispensável do crescimento. Assim, quando estiver triste ou deprimido, vá ver uma comédia ou compre uma roupa nova. Ame a si mesmo o bastante para ser gentil com você.

Quando se sente bem consigo mesmo, você experimenta a alegria. O júbilo é uma sensação maravilhosa e espiritual. Quantas pessoas você conhece que demonstram sentir alegria freqüente e genuína? Quando sua vida está cheia de felicidade, essa sensação se irradia e envolve aqueles que se aproximam de você. A alegria não apenas alimenta a pessoa que a vivencia como também todos os que a cercam. O bem-estar interior nada tem a ver com indulgência, e sim com uma expressão de gratidão pela abundância e pela beleza da vida.

> *Ame a si mesmo o bastante para ser gentil com você.*

Tome uma atitude agora!

Se você se ressente da ausência de bons sentimentos em sua vida, existe uma forma de mudar imediatamente essa situação. Recorra aos **quatro pontos:**

1. Diga a verdade e reconheça honestamente a inexistência de bons sentimentos em sua vida.

2. Peça o que deseja. Se você conhece as atividades que lhe dão prazer, faça uma lista delas e pratique-as.

3. Mantenha o compromisso consigo mesmo de tomar as atitudes certas para sentir-se bem todos os dias de sua vida.

4. Assuma a responsabilidade de criar a situação mais adequada para acrescentar bons sentimentos a sua vida. Muitas pessoas obtêm grande satisfação do ato de servir seus semelhantes. Se você for uma delas, lembre-se de que também é bom servir a si mesmo.

Torne sua vida mais fácil.

Lembre-se:

Você facilita sua vida quando acrescenta bons sentimentos a ela

ponto # 7

Capítulo 7

acrescente dignidade a sua vida

A forma como geramos bons sentimentos em nossa vida algumas vezes também nos proporciona segurança financeira. Alguns anos atrás eu tinha uma amiga, Bárbara, que recebia uma subvenção para participar da campanha governamental "Apenas diga não às drogas". Ela era paga para levar seu espetáculo de marionetes às escolas e apresentar uma peça de meia hora de duração cuja mensagem desencorajava o consumo de drogas entre os alunos. Comentou muitas vezes comigo o prazer que sentia por realizar esse trabalho. Além de acrescentar segurança financeira a sua vida, essa atividade de Bárbara também lhe proporcionava valor e um profundo senso de dignidade. Nós nos sentimos extremamente gratificados quando algumas ações que realizamos com simplicidade trazem, ao mesmo tempo, dois ingredientes para enriquecer nossa vida.

Depois de satisfazer nossas necessidades básicas de segurança e bons sentimentos, precisamos adquirir um firme senso de auto-estima, livre de culpa e desvalorização pessoal.

O senso de dignidade não deve ser confundido com egoísmo nem com orgulho exagerado. É, pelo contrário, a consciência profunda de nosso valor, unicidade e capacidade. As pessoas que não cultivam uma auto-imagem positiva tornam-se incapazes de dirigir o próprio destino. Nunca se sentem felizes – mesmo que possuam todo o dinheiro e todos os privilégios imagináveis. Quando nos falta o senso de dignidade e de valor, nós nos julgamos constantemente ameaçados pelas pessoas e situações que nos rodeiam, por isso adotamos sempre atitudes defensivas e fechadas. Embora muitas vezes não demonstremos isso, nós nos zangamos com facilidade e nos sentimos mais dignos quando depreciamos, com palavras ou pensamentos, as outras pessoas. Apesar de tudo, no entanto, continuamos nos sentindo mal conosco mesmos.

Valorize a si próprio

Autovalorização significa bem-estar interior e auto-respeito. Significa também que você se considera merecedor de todo o sucesso que conseguir e que é forte o bastante para controlar o próprio destino. O senso de valor permite que você se sinta bem com sua consciência mesmo quando os outros o julgam e o censuram. Não se impressione com as pessoas que exibem "complexos de superioridade". Isso simplesmente não existe. Aqueles que tentam valorizar-se demais, enquanto menosprezam os outros, agem dessa forma porque, na verdade, sofrem algum "complexo de inferioridade".

O senso de dignidade, ou de valor, lhe dá a consciência de ser *perfeito* exatamente do jeito que é porque você se aceita plenamente. Mesmo quando tenta aprimorar certas facetas de sua personalidade, sempre parte de uma premissa positiva, ou seja, embora se sinta bem no ponto em que está, quer melhorar ainda mais. Assim, liberta-se da culpa e deixa de lamentar situações do passado. Sabe também reconhecer o fato de que você é uma expressão genuína do universo, um aspecto da perfeição que existe em todos os desdobramentos do cosmo.

Seria possível negar que o universo é perfeito *exatamente da forma que é?* Não se pode, evidentemente, apontar o céu e afirmar: "O universo é *quase* perfeito, mas aquela estrela está no lugar errado". Você faz parte desse universo perfeito – assim como qualquer estrela, árvore, pedra ou animal.

Um exemplo

Imagine que você é uma dona-de-casa. O telefone toca enquanto prepara o jantar, e você se distrai com a conversa, deixando que toda a comida se queime. Seu marido chega em casa, fica zangado e a ofende. "Você é um caso perdido", ele dispara. "Não é capaz nem de ferver água sem queimá-la!"

Se sua auto-estima for insuficiente, você ficará intimidada com a descompostura de seu marido e se retrairá imediatamente, cheia de culpa, vergonha e constrangimento. Vai até esquecer quem você é de fato. Vai esquecer que é uma expressão perfeita do universo perfeito. Assim, de repente, você começará a acreditar que está muito longe da perfeição.

Bem, se esse fosse realmente o caso, a comunidade em que você vive não poderia, é óbvio, ser perfeita, pois quando uma coisa atinge a perfeição todos os seus aspectos devem ser também perfeitos. Um defeito ou uma falha em qualquer ponto é o bastante para arruinar a perfeição absoluta de alguma coisa. Desse modo, devemos agora negar também a perfeição do continente no qual você vive. Ele faz parte da Terra, e assim o planeta já não pode ser considerado perfeito. Se quisermos ser mais exatos, teremos de afirmar que o Sistema Solar tampouco é perfeito, pois abrange *você*. E, como o Sol é apenas uma entre os bilhões de estrelas que compõem a Via-Láctea, vamos ser obrigados a rotular toda a nossa galáxia de imperfeita. Mas a Via-Láctea representa somente uma diminuta parcela de todas as galáxias que formam o universo. Fica, portanto, evidente que o universo não tem a menor possibilidade de ser perfeito pelo simples fato de que, na trama do tecido cósmico, existe *você*.

Olhando para você mesmo dessa perspectiva, torna-se inútil – e até ridícula – qualquer tentativa de considerar-se in-

> *Você é perfeito mesmo quando comete "erros".*

digno da perfeição. O universo é, de fato, perfeito exatamente como é, e isso inclui *você*. Na verdade, neste preciso instante, ele não seria o mesmo *sem* você. Não importa quem é nem o que faz: você pode reconhecer o próprio valor porque será, sempre, parte de um universo perfeito. Nunca se esqueça de que, independentemente de suas atitudes e do julgamento das outras pessoas, sua perfeição permanece inalterada.

Perdão: o ingrediente mágico

É essencial perdoar a si mesmo por qualquer coisa que tenha feito no passado. Todos cometemos erros, e nossas maiores lições são quase sempre subprodutos de nossos maiores enganos. É assim que crescemos – graças a nossas tentativas e a nossos erros. Thomas Edison jamais encarou seus fracassos como enganos. Ele sempre dizia que, através dos anos, não cometeu erros, e sim aprendeu mil maneiras diferentes de *não* fazer uma lâmpada. O passado se foi e existe apenas em sua mente. Você renasce a cada dia, e nem a culpa nem a baixa auto-estima, que em geral têm raízes no passado, podem trazer contribuições positivas a sua vida nem à vida de ninguém.

Tentativa + Erro = Crescimento

Os erros fazem parte do processo de descoberta da identidade. Quando lamenta alguma coisa que disse ou fez, repare no processo: você tomou uma atitude inadequada, aprendeu a lição de que necessitava e decidiu agir de maneira mais conveniente na próxima vez. Você é perfeito mesmo quando comete "erros".

Apresentei, até agora, os três primeiros ingredientes de uma vida extraordinária. Precisamos satisfazer nossa necessidade de segurança, devemos cultivar bons sentimentos e desenvolver nosso senso de dignidade, ou auto-estima.

Nós nos comportamos, algumas vezes, como se precisássemos desesperadamente da aprovação dos outros para sobreviver. Se alguém nos critica ou desaprova nossas atitudes, reagimos quase sempre como se a própria vida estivesse sob ameaça. Os animais quadrúpedes não perdem seu tempo com essa questão. Você consegue imaginar um esquilo, por exemplo, tão angustiado pela ausência de bons sentimentos em sua vida que chega a cometer suicídio? É possível supor que os esquilos carreguem lancinantes complexos de culpa? Se um desses bichinhos estragar seu canteiro de flores e você gritar e espantá-lo a pedradas, garanto que ele não perderá uma só noite de sono por causa disso. Os animais se dão perfeitamente bem com seus instintos e suas peculiaridades.

Os bichos, a propósito, gastam muito pouca energia na busca dos ingredientes indispensáveis a uma vida de realizações, mas suas necessidades básicas são atendidas. Eles vivem satisfeitos com o que são e seguem determinados ciclos de existência. Não é difícil, na verdade, obter os três primeiros ingredientes. Mesmo assim, muitos seres humanos passam a vida lutando com eles na esperança de algum dia experimentar a mesma plenitude que os animais usufruem.

> ### Tome uma atitude agora!
>
> Você pode facilitar o desenvolvimento de sua auto-estima fazendo uma lista de todas as tendências, qualidades e características que mais aprecia em si mesmo.
>
> Este não é um exercício de humildade, e sim de automotivação.
>
> Anote o maior número possível de tendências positivas.
>
> Agora:
>
> **Liste** todas as coisas que lamenta: palavras, atitudes e ações do passado.
>
> **Comece** a ler, linha após linha, a lista das ações negativas e diga em voz alta: "Curado e perdoado!"
>
> **Comente,** também em voz alta, cada tópico da lista, risque-o com uma caneta de ponta grossa e decida nunca mais pensar nisso.
>
> **Leia** novamente a lista das tendências positivas para recuperar o bem-estar interior.
>
> **Aplique** os quatro pontos simples a seu caso.
>
> **1.** Se você sofre por causa da baixa auto-estima, *diga a verdade* sobre seus sentimentos.
>
> **2.** *Peça o que quer* escrevendo as qualidades advindas do senso de dignidade, como a capacidade de sentir-se bem mesmo que os outros julguem e rejeitem você.

3. Passe a repetir para si mesmo, com regularidade, algumas frases que provoquem os sentimentos anotados em sua lista. Diga, por exemplo: "Tenho mais confiança em mim mesmo a cada dia que passa", "Sinto orgulho de meu crescimento pessoal" ou "Eu sou uma expressão perfeita de Deus".

4. À medida que perceber a ligação entre o que diz a si mesmo e a maneira como se sente, você estará *assumindo a responsabilidade por suas experiências*.

Torne sua vida mais fácil.

Lembre-se:

Você facilita sua vida quando acrescenta dignidade a ela

necessidades básicas da vida

1. segurança financeira
2. bons sentimentos
2. dignidade

Os três primeiros ingredientes são fundamentais. Eles compõem as *necessidades básicas da vida* e são comuns a todos os animais que, como nós, habitam a face do planeta. Vamos examinar agora os outros quatro ingredientes, aqueles que estão ao alcance dos seres humanos apenas e podem de fato fazer de sua vida uma experiência extraordinária.

ponto # 8

part 8

Capítulo 8

acrescente compaixão verdadeira a sua vida

A compaixão verdadeira é um convite à ação. Essa qualidade deriva do amor – não essa forma de amor estereotipada nas histórias românticas, e sim o amor que flui de nosso íntimo e resulta em atitudes positivas dirigidas a nossos semelhantes.

O sentimento que faz disparar nosso coração e nos provoca sobressaltos não é amor, e sim uma sensação – e faz parte da categoria das boas emoções. O amor capaz de tornar-se uma fonte de *compaixão verdadeira* nos permite perdoar o passado, quer nosso, quer das pessoas que nos cercam. Ele nos ensina a esquecer as trivialidades e os traumas de ontem. O amor por nossos cônjuges, por nossos filhos e por nossos amigos é apenas o começo. O sentimento que forma a base da compaixão verdadeira se incorpora à bem-sucedida conquista dos três primeiros ingredientes de uma vida extraordinária, assim como da auto-estima, que nos permite deixar toda essa energia positiva fluir através de nosso coração. À medida que essa condição se desenvolver dentro de nós e se tornar plena, a humildade e a compaixão serão uma conseqüência natural.

É dando que se recebe

Compaixão é sinônimo de caridade. É também uma forma de dar para receber. Trata-se do ato de servir porque cultivamos sentimentos de boa vontade para com nossos semelhantes e sabemos que, na verdade, são eles que nos ajudam ao aceitar nossa contribuição. Não avançaremos no caminho da felicidade plena, no entanto, enquanto não formos capazes de tomar atitudes generosas por amor genuíno às pessoas, e não para receber elogios ou recompensas pessoais nem por achar que *precisamos* agir assim. Será possível colher momentos de grande prazer se acrescentarmos a nossa vida apenas os três primeiros ingredientes, mas só conheceremos a verdadeira Alegria, com letra maiúscula, se considerarmos as necessidades do próximo tão importantes quanto as nossas. É essencial para isso, sem dúvida, saber amar primeiramente a nós mesmos para não converter o ato de servir numa compensação de nossas falhas. A compaixão verdadeira deixa fluir o amor em forma de serviço.

Uma qualidade tipicamente humana

Eu só compreendi o significado da compaixão verdadeira depois de tornar-me pai. Pela primeira vez na vida, senti que as necessidades de outro ser humano eram sempre muito mais importantes que as minhas. Esse tipo de amor é uma qualidade típica do ser humano. Temos em nosso íntimo a capacidade de amar incondicionalmente. O segredo dessa qualidade é descobrir o sentido do conceito de *incondicionalidade* na maneira pela qual você expressa seu amor.

Quando aceita incondicionalmente uma pessoa, você põe em prática um antigo ensinamento de Jesus a seus apóstolos. Ele disse a seus seguidores que deveriam amar os inimigos, pois se amassem apenas aqueles que lhes queriam bem agiriam da mesma forma que todas as outras pessoas. Sua defesa do amor *incondicional* representava uma ruptura radical dos conceitos da época sobre o comportamento natural do ser humano. Todos nós temos a capacidade de amar e perdoar incondicionalmente. Essa qualidade de amor significa que você pode servir e aceitar a todos – inclusive a si mesmo.

O amor que descrevemos aqui não precisa nem mesmo ser dirigido às pessoas. O ato altruísta de servir pode expressar-se através do simples gesto de recolher um pedaço de papel jogado na rua. Esse tipo de amor equivale a um remédio poderoso: você pode praticá-lo em qualquer lugar e a qualquer momento – e ele sempre vai gerar "bondade" e terá como efeito um grande bem-estar interior. O serviço ao próximo é um excelente antídoto contra a depressão. Sempre que estiver deprimido, procure fazer uma gentileza ou um favor a alguém e verá como logo se sentirá melhor.

Não há limites para o ato de servir. Você pode contribuir financeiramente, realizar trabalho voluntário, visitar com regularidade os idosos internados em asilos, ler para deficientes visuais, regar o jardim de seus vizinhos em férias, levar para passear no parque seu filho e os amiguinhos dele ou fazer qualquer outra coisa que lhe ocorrer. Servir dessa maneira é, na verdade, receber. Você aparentemente presta serviços a outras pessoas, mas na realidade elas é que o ajudam ao aceitar sua generosidade.

> *A generosidade faz bem.*

Essa qualidade de amor é muito diferente de simples sensações de amor que permanecem sem expressão.

Tal distinção fica muito clara na história de um jovem viciado em todos os tipos de prazer. Havia, nas paredes de sua casa, inúmeras telas que exibiam belas mulheres nuas, e todas as noites, ao voltar do trabalho, ele fumava e bebia muito, além de assistir a filmes pornográficos. Suas estantes estavam abarrotadas de garrafas de bebida alcoólica e de revistas pornográficas. Ele adorava seduzir as mulheres em verdadeiras maratonas sexuais. E, sempre que podia, comprava e consumia cocaína.

Por fim, um amigo dele, recentemente convertido ao cristianismo, censurou-o por sua conduta amoral e hedonista. O jovem então, seguindo um impulso, decidiu mudar seu estilo de vida. Começou a freqüentar a igreja e fez uma viagem a Jerusalém.

Ao retornar da Terra Santa, ficou evidente, para todos os que o conheciam, que ele se tornara um homem diferente. Eliminara de sua vida, em definitivo, o álcool, as drogas e a pornografia. Não contente em apenas mudar a decoração de sua casa, cobriu as paredes de quadros que representavam Jesus Cristo e cenas edificantes inspiradas na *Bíblia*. Todas as noites, ao voltar do trabalho, ele acendia uma vela e meditava. Essa rotina se prolongou por muitos meses. "Eu realmente me transformei", pensava com freqüência. "Tornei-me uma pessoa espiritualizada e amável."

Durante todo aquele tempo, entretanto, o jovem não manifestou um único gesto motivado por pensamentos altruístas. Embora talvez tivesse inspirado outras pessoas com aquela transformação externa, sua intenção nunca foi servir a ninguém mais além dele próprio. Havia meramente encontrado outra maneira de criar bons sentimentos. Substituíra uma coleção de sensações prazerosas por outra. Suas meditações, suas preces e seus sentimentos de amor foram-lhe, sem dúvida, mais benéficos que sua conduta anterior, e ele tomara definitivamente o rumo certo na vida. Mas, sem sair para o mundo e fazer alguma coisa por seus semelhantes, sem usar a energia recém-descoberta para melhorar a qualidade de vida das pessoas próximas, sem expressar o amor que vivenciava intimamente na forma de serviço à comunidade, ele com certeza não conhecia o tipo de amor que chamo de compaixão verdadeira. Tratava-se ainda de simples bons sentimentos.

A família do rapaz estava, obviamente, encantada com sua mudança. A maneira antiga pela qual proporcionava bons sentimentos a si mesmo era doentia em comparação com sua conduta atual. Se ele ao menos tentasse beneficiar os familiares com seu novo comportamento, essa seria uma atitude próxima da compaixão verdadeira. Mas, enquanto se concentrar apenas em si mesmo, permanecendo indiferente aos sentimentos de sua família, ainda que indiretamente a faça feliz, ele não será capaz de agir com compaixão. Certas ações parecem às vezes semelhantes mesmo quando executadas por pessoas cujo estado mental é oposto e motivadas por intenções conflitantes.

> *Se você não tem amor, nada mais vale a pena.*

Algumas pessoas tentam acrescentar os primeiros três ingredientes a sua vida sem fazer muito esforço. Elas dispõem de ampla prosperidade, têm acesso aos melhores prazeres e seu senso de valor é bastante forte. Se, todavia, não entenderem profundamente o real sentido do amor, tudo lhes parecerá irreal. De qualquer forma, os poetas sempre cantaram esta verdade: "Se você não tem amor, nada mais vale a pena". (Lembre-se: sem o alicerce dos três primeiros ingredientes, o amor talvez eventualmente cruze seu horizonte, mas logo poderá desaparecer. Para ter condições de servir com eficiência, você deve ancorar-se com firmeza na compaixão verdadeira – se quiser dispor da força e dos recursos necessários para suprir as carências alheias.)

Tome uma atitude agora!

Acrescente compaixão verdadeira a sua vida. Usando a imaginação criativa, descubra a melhor forma de servir.

Escreva as várias possibilidades. Você pode prestar serviços em projetos de meio período ou de tempo integral novos ou em andamento. É possível servir uma pessoa ou uma boa causa.

Escolha a alternativa que lhe parecer mais atraente no momento.

Aplique os quatro pontos simples:

1. *Diga a verdade,* seja honesto consigo mesmo com relação ao tipo de serviço que você está disposto a fazer e é capaz de assumir atualmente.

2. *Peça o que você quer:* entre em contato com as partes envolvidas e explique o que pretende fazer. Peça ajuda a alguém se for necessário.

3. *Mantenha sua palavra.* Compareça e execute seu trabalho.

4. *Assuma a responsabilidade por suas tarefas.* Conheça a satisfação de acrescentar a compaixão verdadeira a sua vida. Diga a si mesmo: "Fiz um bom trabalho".

Torne sua vida mais fácil.

Lembre-se:

Você facilita sua vida quando acrescenta compaixão verdadeira a ela

ponto # 9

Capítulo 9

acrescente expressão criativa a sua vida

O quinto ingrediente é muito sutil. Mesmo que os quatro primeiros aspectos já façam parte de sua vida e você esteja relativamente feliz, os dias talvez lhe pareçam, algumas vezes, vazios e sem brilho. *A expressão criativa* atua como o perfume ou o tempero adicionado a alguma coisa que já é satisfatória. Sua ausência pode causar frustração sem motivo aparente.

Não importa a forma como a criatividade se manifesta – através da música, da costura, da jardinagem, da dança, da arte, do canto, da literatura, dos esportes ou de qualquer outro talento ou vocação, inclusive para os negócios –, é preciso desbloquear, de algum modo, nossa capacidade criativa, do contrário corremos o risco de sucumbir ao tédio. Nós raramente levamos em consideração a necessidade de expressão criativa, mas, quando ela falta, a maioria das pessoas nem sequer sabe a origem do problema. Quando, porém, a criatividade se manifesta plenamente, nossa vida se enriquece como por obra de magia.

Caso esteja simplesmente em busca de realização como ser humano, você deve ter uma forma de expressar sua criatividade. Ela talvez coincida com sua maneira de pôr em prática os ingredientes da vida. O modo como canalizamos nossa criatividade pode ser o mesmo pelo qual prestamos serviços aos outros ou trabalhamos para ganhar o sustento próprio. A expressão criativa torna-se, muitas vezes, uma fonte de bons sentimentos, de emoções positivas. Quando isso ocorre, a vida se transforma numa fonte de dádivas que sempre ultrapassam nossas necessidades. A sensação íntima que essa experiência nos traz é de abundância e realização – e a vida se torna, *por si só*, nossa expressão criativa.

> A expressão criativa é um aspecto necessário da vida. Dê uma chance a ela.

Bárbara, minha amiga que trabalha com marionetes, já citada neste livro, representa, mais uma vez, um exemplo perfeito dessa realização com suas pequenas peças teatrais que despertam a consciência dos jovens alunos das escolas públicas. Os temas de seus espetáculos aprimoram a qualidade mental das crianças. De uma só vez, ela aplica todos os cinco ingredientes que já focalizamos, e isso é maravilhoso, pois sua expressão criativa se confunde com o serviço prestado por sua capacidade de amar e de demonstrar a verdadeira forma de compaixão.

Certa ocasião eu encorajei uma conhecida, Charlotte, a expressar seu talento para a jardinagem de maneira mais criativa. Durante anos, ela cultivara vegetais orgânicos para si própria e para os vizinhos, mas sua horta e seu jardim eram uma confusão de carrinhos de mão, ferramentas, pilhas de sacos de adubo e rolos de arame farpado. Aquilo tudo era uma privação de beleza. Quando sugeri que cultivasse flores e plantas ornamentais para embelezar seu jardim, Charlotte me respondeu, atônita, que essa idéia jamais lhe ocorrera.

Doze meses depois, o jardim de Charlotte estava transformado. A antiga confusão desaparecera, e magníficos canteiros e arbustos floridos vicejavam por toda parte. Era uma visão de tirar o fôlego. Minha amiga se revelara tão criativa e sentia tanto prazer em seu jardim que logo muitos amigos e vizinhos se juntaram a ela para usufruir também a absoluta alegria de participar da criação de tanta beleza. Uma das conseqüências dessa mudança foi o aumento da produção de vegetais orgânicos. Charlotte passou a vender o excedente, obtendo com isso um lucro extra bastante compensador. Vemos assim, mais uma vez, como a criatividade e todos os demais ingredientes de uma vida extraordinária podem entrelaçar-se.

Tome uma atitude agora!

Comece imediatamente a injetar criatividade em sua vida.

Escreva uma lista das atividades criativas que você aprecia ou gostaria de experimentar.

Reserve o tempo necessário para isso. Se você gosta de representar, junte-se a um grupo teatral. Caso aprecie o canto, participe de um coral. Se quiser tocar um instrumento, matricule-se no conservatório mais próximo. Se tiver talentos naturais para as artes plásticas, dedique várias horas por semana às atividades de pintura, escultura ou desenho. Seja qual for a forma de expressão criativa que mais atraia você, tome, quanto antes, a atitude de introduzi-la em sua vida.

Aplique os quatro pontos simples:

1. *Diga a verdade* sobre o efeito da expressão criativa, ou da ausência dela, em sua vida.

2. *Peça o que você quer.*

3. *Mantenha um compromisso* consigo mesmo. Seja qual for o ritmo de seu trabalho e a carga de seus horários, você deve compreender que a expressão criativa é um aspecto necessário da vida e precisa dar uma chance a ela.

4. *Assuma a responsabilidade* por suas experiências criativas e conceda a si mesmo alguns elogios.

Torne sua vida mais fácil.

> **Lembre-se:**
>
> Você facilita sua vida quando acrescenta expressão criativa a ela

a dimensão espiritual

Se você se sente ansioso, triste, estagnado, deprimido ou entediado, analise cuidadosamente sua vida e verifique o que está faltando. Você presta algum tipo de auxílio a alguém? Expressa sua criatividade? Caso tenha acrescentado a sua vida os primeiros cinco ingredientes, sem dúvida se tornou uma pessoa muito feliz. Não é difícil ser feliz. Pelo contrário, é até bem fácil alcançar a felicidade – desde que você saiba como fazer isso. A felicidade, no entanto, não é a meta prioritária da existência. Acima dela, e além da esfera física, existe uma dimensão espiritual. Os dois últimos ingredientes de uma vida extraordinária estão intimamente ligados a esse conceito de espiritualidade.

ponto # 10

Capítulo 10

acrescente consciência vigilante a sua vida

A maioria das pessoas, antes de atingir a compreensão desses dois últimos aspectos do crescimento individual, denota certo receio e alguma reserva diante da possibilidade de explorá-los. Com essa atitude, porém, elas perdem ou retardam a melhor parte da vida.

O sexto ingrediente – *a consciência vigilante* – pode ajudar-nos a desenvolver uma dimensão muito profunda de felicidade. Esse aspecto nos liga diretamente a nossa natureza espiritual mais íntima. Se atendermos apenas a nossas necessidades relacionadas aos cinco primeiros ingredientes, embora conquistemos com isso uma sensação satisfatória de bem-estar, não conseguiremos reagir com plena tranqüilidade quando estiverem em discussão temas como nascimento, morte, Deus ou fenômenos inexplicáveis.

A prática contínua da consciência vigilante compõe talvez a faceta mais básica do desenvolvimento espiritual. O conceito de consciência vigilante a que me refiro não é um estado mental aleatório. Essa vigilância consciente constitui uma ferramenta de crescimento espiritual e significa *atenção em tempo integral*. A vida se transforma quando você tem consciência *completa* dela. Quando presta atenção integral no perfume de uma flor, por exemplo, você *se torna* esse perfume. Da mesma forma, quando presta plena atenção no sabor de um alimento, você *se torna* esse sabor.

Quantas vezes você deixa de perceber o sabor dos alimentos porque está assistindo a um programa de televisão enquanto come? Com que freqüência ingere seu jantar pensando muito mais nos acontecimentos do dia ou preocupado com seus compromissos e suas contas? Apenas quando não se distrai você se torna capaz de apreciar plenamente a riqueza dos sabores dos alimentos que põe na boca.

O poder da atenção: um exemplo

Um monge caminha através da floresta quando, de repente, um tigre salta em seu caminho, bem à frente. O monge se volta e corre, desesperado, até chegar a um rochedo à beira de um abismo. Ao longo do rochedo, cresce uma extensa videira. Ele imediatamente começa a descer ao solo agarrando-se à videira, mas ao olhar para baixo descobre mais dois tigres à sua espera no fundo do abismo. A essa altura, com certeza deve haver outros tigres atrás dele lá em cima, na borda do rochedo. Não pode prosseguir nem voltar. Como se não bastasse, ele vê, mais adiante e fora de seu alcance, dois ratos ocupados em roer a vegetação que o sustenta. Aflito, o monge encontra então um pé de morangos silvestres que crescera na escarpa do rochedo. Arranca alguns morangos do pé e os lança dentro da boca.

A história tradicional termina nesse ponto. Mas, em vez de interrompê-la, vamos considerar algumas de suas implicações.

Quando o monge jogou os morangos na boca, prestou imediatamente atenção no gosto daqueles frutos. Sua concentração foi *integral!* Quando presta atenção – *completa* – no sabor de alguma coisa, você *se torna* esse sabor. O monge, portanto, *se transformou* nos morangos, escapando dessa forma da experiência de ser devorado pelos tigres.

Essa história é evidentemente simbólica. A vida sempre nos apresenta alguns tigres e também morangos. Se você, por exemplo, não fuma e está sentado perto da área de fumantes de um restaurante, talvez se sinta incomodado pela fumaça dos cigarros próximos, que alcança sua mesa. O ar poluído pode representar o "tigre". Se não deseja sofrer esse desconforto, no entanto, você tem a opção de procurar por um "pé de morangos" no qual fixar sua atenção, talvez um belo pôr-do-sol visível através da janela. Se conseguir concentrar-se – integralmente – nessa visão, você será capaz de transformar o nível de uma experiência até então desagradável em um momento de puro prazer estético.

A vida de todos nós está cheia de "tigres" e de "morangos". A opção por uma ou outra experiência depende só de nós mesmos. Quando você se sente muito infeliz, isso significa que está prestando demasiada atenção nos "tigres" e precisa encontrar alguns "morangos" para concentrar-se inteiramente *neles*.

Plenamente consciente

Quando cultiva essa capacidade integral de concentração, você se torna seu melhor professor. Conseguirá tirar lições de circunstâncias que antes nem sequer notava. Muitos problemas são simples subprodutos de nossa falta de concentração. As crianças derramam seu leite com freqüência porque não prestam atenção e muitas pessoas levam tombos ou caem das escadas pelo mesmo motivo. As confusões, as guerras, a poluição e os preconceitos são conseqüências da falta de atenção. A capacidade de concentração pode, de fato, salvar nossa vida a qualquer momento no trânsito e na correria do mundo atual.

Se prestar atenção a seus pensamentos, compreenderá que *você* é o criador da maior parte de seus problemas. A observação atenta de seus hábitos, atitudes e relacionamentos lhe proporcionará o *insight* suficiente para aprimorar seu poder pessoal e sua presença positiva no mundo. Tome, por exemplo, a decisão consciente de prestar atenção a determinado hábito que você gostaria de controlar. Pode ser o vício de enxertar com freqüência certas expressões repetitivas em sua fala, como "não é?", "entende?", e assim por diante, e você deseja "limpar" sua linguagem de todo esse excesso. Parece pouco, mas é melhor começar com alguma coisa fácil.

À medida que aprender a concentrar a atenção em sua maneira de falar, você notará cada vez mais a repetição de palavras, expressões ou sons inúteis e excessivos enquanto conversa. Não se censure por causa disso nem tente mudar de hábito. Apenas continue a prestar atenção.

Não será preciso muito tempo para que o hábito desapareça como num passe de mágica – e você não terá de fazer nenhum esforço consciente para alcançar o resultado que deseja. Será o bastante prestar atenção em si mesmo de maneira diferente, nova, e sua vida, de repente, se tornará melhor.

Você pode escolher qualquer hábito seu que queira controlar, eliminar ou modificar: um tique nervoso, o costume de interromper os outros enquanto falam ou a mania de comer mesmo que não sinta fome. Mas cuidado, focalize um problema de cada vez e priorize os mais simples. Comece pelas coisas mais fáceis até familiarizar-se melhor com esse passo gigantesco rumo ao poder pessoal e ao conhecimento espiritual.

Graças à prática da consciência vigilante, cada um de nós pode olhar dentro de si mesmo e descobrir sua verdade interior. É essa concentração na identidade interna que

> **Concentre-se em uma coisa de cada vez.**

gera a evolução espiritual. A aplicação da consciência favorece um despertar espiritual que ilumina os momentos "comuns" da vida, tornando-os menos prosaicos e mais marcantes.

A consciência vigilante nos capacita a lidar melhor com a natureza aparentemente contraditória e paradoxal da vida. Ela nos chama atenção para nosso ego e nos faz enxergá-lo com mais clareza. Ela nos ajuda a superar nossa tendência de ver a vida como uma tragédia, mantendo-nos na postura mais saudável de espectadores de um filme único, o de nossa existência. Ela, finalmente, nos proporciona o desapego necessário para rir de nossas fraquezas e de nossos defeitos.

De maneira muito simples, a consciência vigilante, o sexto ingrediente de uma vida extraordinária, nos conduz à consciência de que estamos conscientes. Essa condição se transforma em uma ponte de ligação com a dimensão puramente espiritual e nos permite ver nossa verdadeira natureza de seres libertos do ciclo de nascimento, vida e morte. A realização plena que acompanha a consciência vigilante é tão superior à satisfação propiciada pelos primeiros cinco ingredientes que nos faz lembrar a absoluta diferença existente entre uma borboleta e um elefante.

A capacidade de prestar atenção significa uma forma inteiramente nova de "ver". A consciência vigilante nos permite uma união literal com as experiências pelas quais passamos em cada momento. Quando você come

– preste atenção! Quando você lava a louça – preste atenção! Quando está no banheiro – preste atenção!

Seja um observador

A consciência vigilante também dá origem, entre tantos outros benefícios, à qualidade espiritual do desapego. O objeto material de sua atenção logo deixa de ter tanta importância, pois de repente você se torna capaz de perceber que é um observador espiritual de tudo o que se passa em seu redor – como se estivesse na platéia assistindo a um filme. É o momento de começar a sentir que você está no mundo, mas não pertence a ele. Você pode desapegar-se e deixar de se comportar como um robô que reage instantaneamente quando alguém aperta seus botões.

Nessa perspectiva, quase tudo pode tornar-se uma experiência espiritual. Até a dor pode assumir essa importância se você souber separar-se dela, colocando-se na posição de "observador". Embora todos os animais tenham consciência da dor,

> *Tenha consciência de que você está consciente.*

só o ser humano possui a capacidade de se desapegar dela – mantendo-se consciente da própria consciência. À medida que praticar essa habilidade através da consciência vigilante, o "filme" ao qual você assiste deixa, na verdade, de ser relevante. Você conseguiu um nível de desapego tamanho que já não importa o que a tela de sua consciência esteja exibindo – uma comédia ou um drama. Você sabe que é, de fato, apenas um observador, ainda que seu corpo tome parte no enredo desse filme. Nesse ponto, passa a experimentar aquilo que sempre foi chamado de alma – sua parte imortal, que permanece além do nascimento e da morte.

Quando você põe em prática esse desapego, os acontecimentos deixam de ser "bons" ou "maus". As coisas apenas "são". Você assiste ao filme sem julgamentos e é capaz de tomar decisões conscientes sem ter as velhas reações habituais diante dos fatos que desfilam na tela de sua vida.

Pense no estado de espírito de um pobre homem cujo único cavalo fugiu. Seu vizinho lamenta: "Como você é desafortunado!" O homem, porém, apenas responde: "Talvez". No dia seguinte, o animal retorna, liderando muitos cavalos selvagens, ao curral de seu dono. Enquanto ele fecha a porteira, o vizinho exclama: "Como você é afortunado!" O homem, mais uma vez, responde apenas: "Talvez". Alguns dias mais tarde, seu filho tenta montar um dos cavalos selvagens e quebra a perna. O vizinho outra vez lamenta: "Que tragédia!" O homem, sem dúvida, responde apenas: "Talvez". Pouco tempo depois, o país entra em guerra e o filho é dispensado da convocação devido à perna fraturada. "Que felicidade!", comenta o vizinho.

"Talvez."

A consciência espiritual e o desapego que o homem da história demonstra nascem da "observação". A consciência vigilante faz da vida um contínuo processo de meditação ativa. Quando você adquire autoconsciência, passa a sentir uma presença constante junto de você, dentro de você. Ela observa sempre e está consciente de todas as coisas de que você tem consciência. Essa presença observadora vê o que você vê, ouve o que você ouve, sente o que você sente, percebe os mesmos aromas que você percebe e compartilha todas as suas experiências. A prática da consciência vigilante tem como resultado a revelação de uma dimensão inteiramente nova da vida.

Quanto mais você dominar essa prática, mais terá consciência de estar consciente.

Quando sente tédio, você sabe que a razão disso é a falta de expressão criativa. Quando está envolvido numa boa relação com seu cônjuge, você percebe a presença de muitas emoções positivas. Quando não está fazendo nada específico, preste atenção no que se passa em volta de você. Observe quantas vezes reage automaticamente a algumas situações, como se fosse um robô, quando você não tem condições de fazer uma escolha consciente da resposta que gostaria de manifestar. Quer um exemplo? No trajeto para o trabalho, um automóvel corta de repente o seu, você se assusta e, no mesmo instante, reage com um grito e um palavrão.

> ### Tome uma atitude agora!
>
> Comece pelo hábito de prestar atenção a você mesmo e a seus sentimentos.
>
> **Observe** as emoções que o comportamento das outras pessoas provoca em você.
>
> **Note** que *você* está isolado de seus sentimentos.
>
> **Observe** as emoções desagradáveis que sente e depois repare em si próprio enquanto se observa.
>
> **Desapegue-se** de seus pensamentos e de suas emoções.
>
> **Perceba** que você é capaz de ser apenas um observador do filme de sua vida.
>
> **Crie** uma nova dimensão espiritual a partir da qual você possa observar sua vida.
>
> **Torne sua vida mais fácil.**

Com o tempo, você vai notar que a maioria das pessoas fica "perdida" quando o assunto é a criação de uma dimensão espiritual para observar a própria vida. Logo você vai sorrir intimamente ao perceber como os outros se tornaram "robóticos". Vai notar também que muito poucos – apanhados na armadilha do próprio filme, mas sem a capacidade de se desapegar dele – têm condições de escolher seu comportamento, enquanto você observa a si mesmo *no* filme, mas está *fora* dele.

Lembre-se:

Você facilita sua vida quando acrescenta consciência vigilante a ela

ponto # 11

Capítulo 11

ligue-se a um poder mais alto

Depois de praticar a consciência vigilante durante o tempo necessário, uma coisa incrível vai acontecer: você passará a sentir, com mais e mais freqüência, uma ligação *constante* com a Fonte de sua criação. Você *está* de fato ligado à Terra, ao Sistema Solar, às estrelas e ao universo. Você está ligado, perceba isso ou não, a tudo o que existe. Na condição de ser humano, você tem o potencial de *experimentar* essa conexão com *Aquele que está em tudo,* chamado por muitos simplesmente de Deus. *Você* faz parte desse *todo!*

Ouvimos e lemos freqüentemente, em poemas, canções e livros, que "somos um". O que isso quer dizer? Essa expressão significa que existe uma única energia coesa em toda parte. *Você* faz parte disso! Todo o poder do universo está a sua disposição. Quanto tempo será necessário para convencer-se de que você jamais esteve isolado da fonte de sua criação?

> *Deus está em tudo o que existe.*

O sétimo ingrediente de uma vida extraordinária é o mais indefinível dentre todos e, portanto, o mais difícil de descrever. São tão raras as pessoas que o incorporam em sua vida que é praticamente inviável encontrar um modelo eficiente. Quando é atingido, esse modo de viver – em que o indivíduo sente sua conexão constante com todo ser vivo e todas as coisas do planeta, experimentando uma ligação profunda com o poder do universo inteiro – capacita as pessoas a perceber não apenas o mundo das coisas sólidas e materiais como também os feixes de energia e de partículas que aparecem como formas. Nada ficará fora do alcance de nossa compreensão se descobrirmos e desenvolvermos esse aspecto de nossa natureza. Na condição de aprendizes da vida, podemos ver essa força mais elevada diante de nós, como um monumento a nosso potencial de seres humanos, e ela nos ensina todas as capacidades atribuídas aos santos e aos sábios ao longo da História.

Deus está em tudo o que existe. E, desde que tudo o que existe é Deus, de uma forma ou de outra o único meio que Ele tem de criar uma árvore é *tornar-se* essa árvore. De maneira idêntica, o meio pelo qual Deus criou você foi *tornar-se* você.

Você descobrirá que a ligação constante com esse poder mais alto atua como um bálsamo capaz de curar todos os aspectos de sua vida. É a própria Alegria (com letra maiúscula) que se irradia de você quando diz a verdade, pede o que quer, mantém sua palavra, assume suas responsabilidades e cria uma vida de segurança, bons sentimentos, senso de valor e dignidade, compaixão verdadeira, expressão criativa e consciência vigilante.

Tome uma atitude agora!

Comece hoje mesmo a cultivar o hábito de lembrar a maneira pela qual Deus criou você.

Deixe que Deus aprecie o pôr-do-sol através de seus olhos.

Reconheça que Deus ouve o canto dos pássaros através de seus ouvidos.

Tenha consciência de que você crescerá à medida que desenvolver o profundo senso interior de sua constante ligação com a fonte da criação e com tudo o que existe.

Descubra a forma pela qual a conexão contínua com esse poder mais alto atua como um bálsamo capaz de curar todos os aspectos de sua vida.

Ao assumir sua ligação com o poder mais alto, você tem acesso à genuína alegria que se irradia de você quando diz a verdade, pede o que quer, mantém sua palavra, assume suas responsabilidades e cria uma vida que tem segurança, bons sentimentos, senso de valor, compaixão verdadeira, expressão criativa e consciência vigilante.

Torne sua vida mais fácil.

Ligue-se a um poder mais alto

Francisco de Assis sem dúvida experimentou essa conexão quando escreveu sua inesquecível prece:

Senhor, faça de mim um instrumento de sua paz.
Onde existe ódio, deixe-me semear amor,
onde existe ofensa, que eu leve o perdão,
onde existe dúvida, que eu leve a fé,
onde existe desespero, que eu leve esperança,
onde existe escuridão, que eu leve a luz,
onde existe tristeza, que eu leve alegria.
Conceda-me a graça de consolar mais do que ser consolado,
de compreender mais do que ser compreendido,
de amar mais do que ser amado,
pois é dando que se recebe,
é perdoando que se é perdoado
e é morrendo que nascemos para a vida eterna.

> **Lembre-se:**
>
> Você facilita sua vida quando se liga a um poder mais alto

ponto # 12

Capítulo 12

viva uma nova realidade

Se você for sincero no compromisso com seu crescimento psicológico e emocional, sua abordagem da vida deve ser de apoio integral à evolução pessoal. Há vários aspectos vitais que exigem sua atenção, como uma dieta alimentar adequada, atitudes corretas e o convívio com pessoas positivas. É indispensável cultivar um estilo de vida de boa qualidade que o conduza ao crescimento e à transformação.

Pense na vida em uma cidade enorme, de milhões de habitantes. Logo de manhã cedo, todos os meios de transporte já estão superlotados. Você chega à estação de metrô mais próxima às 6 horas da manhã e se vê obrigado a descer vários lances de escada, todos longos (as escadas rolantes estão enguiçadas). Quando chega ao fim, depara com um aviso: "Acesso bloqueado. Use a entrada oposta". Irritado, você pensa: "Por que não colocaram este aviso no começo da escada? Assim eu teria evitado esse esforço inútil!".

Depois de tomar fôlego, você se prepara, inconformado, para subir novamente as escadas. No meio do caminho, porém, colide com a multidão que desembarcou do trem recém-chegado à estação e se derrama pelos degraus como uma avalanche. Centenas de pessoas descem, apressadas, como um exército de formigas.

Nesse ponto, sua escalada parece tornar-se muito difícil. De fato, não apenas é penoso continuar a subida como também você começa a pensar que seria melhor voltar-se e seguir a enorme massa de pessoas – mesmo sabendo que não há saída.

Esse episódio exemplifica a vantagem de estar na companhia de pessoas que seguem na mesma direção que você deseja tomar. A habilidade de cultivar as companhias corretas é, pois, de extrema importância, principalmente quando você apenas começou a trilhar o caminho do desenvolvimento individual. Ao associar-se com gente que censura suas práticas e não lhe dá o apoio necessário para a conquista da evolução pessoal, você se coloca em imensa desvantagem. Um ambiente saudável que lhe proporcione as companhias certas é tão essencial quanto uma alimentação sadia.

Dê apoio a seu crescimento

Quando você planta uma pequena árvore, deve também erguer em torno dela uma cerca de proteção contra eventuais investidas de animais e mesmo de pessoas que, distraídas, podem machucá-la. Depois que a árvore se desenvolve e ganha força e porte, chega o momento de remover a cerca, pois a jovem planta já tem condições de se manter ereta sem necessidade de apoio. Cuide de si mesmo com igual carinho.

Apóie-se na companhia de pessoas que também se dedicam ao crescimento individual. Procure rodear-se de um grupo de amigos conscientes. A manutenção de uma rede de apoio emocional na vida lhe garantirá a atenção, o carinho e o incentivo necessários para seguir adiante com ânimo sempre renovado.

Liberte-se das influências negativas. Fique afastado das pessoas constantemente pessimistas e críticas, que se tornam destrutivas com palavras, pensamentos e ações. Apenas depois de conquistar a firmeza e a força necessárias, você deve, se assim desejar, retornar a essas companhias para, quem sabe, mostrar às pessoas desse tipo uma forma melhor de viver.

Simplifique sua vida!

É importante lembrar também que suas ações sempre motivam reações. Trata-se da lei básica de causa e efeito. Uma vez que você assumiu a responsabilidade por sua nova vida, é preciso agora estar constantemente atento para não provocar efeitos indesejáveis com ações que possam gerar repercussões negativas. À medida que ficar mais consciente de seus pensamentos e observar melhor sua forma de falar e agir no mundo, você descobrirá a ligação existente entre o que semeou ontem e aquilo que colhe hoje. As pessoas gentis parecem viver em um mundo amigável, enquanto aqueles que cultivam a raiva conhecem apenas um ambiente hostil.

Simplifique sua vida. Por que sobrecarregar a si mesmo com o pesado fardo de compromissos financeiros e emocionais onerosos demais apenas por ambição e amor às aparências? Quanto maior for seu nível de consciência, mais e mais diminuirá a importância das posses materiais. A simplificação do estilo de vida, assim como a simplificação da dieta alimentar, produz ótima saúde. Analise bem sua vida e encontre maneiras de simplificá-la.

Você pode utilizar o amor, a alegria, os bons amigos, o riso sincero e a felicidade como parâmetros de seu êxito. Não faça do dinheiro a base do sucesso. Muitas pessoas permitem a deterioração da qualidade de sua vida porque a prosperidade financeira que obtiveram faz com que se julguem vencedoras, mas, na verdade, são perdedoras. Deve alguém se considerar um sucesso por ganhar milhões quando seu estilo de vida, sua personalidade e seus excessos lhe trouxeram como resultado apenas úlceras, hipertensão e problemas cardíacos, além de relacionamentos infelizes?

Sofremos, na cultura ocidental, um condicionamento

Novos parâmetros de sucesso.

intenso para equiparar ganho financeiro e sucesso. Esse equívoco nos levou ao comprometimento de toda a nossa civilização, uma vez que poluímos o meio ambiente e destruímos a mente e o ânimo de incontáveis milhões de criaturas. Desde que a economia prospere, nada mais importa, e os governos anunciam que isso é motivo de celebração. Loucura! Com a simplificação de seu estilo de vida e a reorganização de suas prioridades, você poderá criar, todos os dias, um paraíso na Terra. Quando se der conta de que necessita realmente de muito pouco dinheiro para sobreviver, você se permitirá reservar mais tempo para dançar, buscar maior contato com a natureza, abraçar seus filhos e se divertir com atividades esportivas e passatempos. Não confunda quantidade com qualidade.

Faça um esforço consciente para que seus pensamentos sejam sempre positivos e coerentemente otimistas. Mesmo que sua dieta alimentar e suas atividades físicas deixem a desejar, o equilíbrio do pensamento pode manter a saúde perfeita. Com uma atitude mental positiva, você é capaz de manter uma aparência jovem e radiante, enquanto outras pessoas da mesma idade parecem envelhecidas e desgastadas. Não há limites para esse poder.

Mas, acima de tudo, você deve confiar na força do pensamento positivo como o melhor meio de atingir seus objetivos – nada é forte o bastante para resistir a você quando mantém sua mente concentrada no amor, na felicidade e na alegria. Em vez de lamentar o fato de que as flores têm espinhos, por que não se alegrar considerando que são os espinhos que têm belas flores para adorná-los? Substitua a dúvida pelo pensamento positivo e notará transformações imediatas em sua experiência de viver. Muitas pesquisas já revelaram claramente que toda a química de nosso organismo pode ser alterada pela mudança de nossos pensamentos.

Uma vida tranqüila

À medida que praticar os quatro pontos simples e os sete ingredientes de uma vida extraordinária, você descobrirá estar vivendo uma realidade inteiramente nova. Verá que mais e mais pessoas vão abordá-lo para saber qual é seu segredo. Com a prática dos princípios aqui apresentados, você poderá acrescentar muitos anos a sua vida – e mais sabor a esses anos.

As atitudes simples contidas neste livro poderão proporcionar-lhe meios de monitorar sua vida. Faça isso de modo casual para não se tornar muito crítico com você mesmo. *Torne sua vida mais fácil.* Encare seu progresso no caminho do desenvolvimento pessoal como o trajeto de um foguete. Quando os foguetes são lançados no rumo da Lua ou de Marte, por exemplo, eles se desviam com freqüência de seu curso. São os computadores que monitoram sua trajetória e a corrigem continuamente. Em conseqüência desse sistema automático de correção, os foguetes conseguem atingir seu alvo. Graças ao uso das ferramentas fornecidas por este livro, você também poderá ter meios de examinar sua trajetória e saber quando será preciso corrigir o rumo. Seja, porém, gentil consigo mesmo quando houver necessidade de fazer correções para chegar bem ao alvo escolhido – *seu potencial pleno.*

Se perceber que está recaindo em antigos comportamentos causadores de mal-estar e constrangimento, não se condene por essa falha. Se conseguir identificar e corrigir os comportamentos indesejáveis, você não falhou, e sim aprendeu alguma coisa. É dessa forma que crescemos. Todas as situações, agradáveis ou não, nos tornam mais eficientes naquilo que nos propomos fazer.

Organize sua vida de modo a nunca perder: se você não se sente bem consigo mesmo, aprenda, por meio de uma lição ou de um *insight,* como evitar a repetição de um comportamento desagradável. Dessa maneira, você não apenas estará sempre satisfeito com suas atitudes como também aprenderá lições que o ajudarão a crescer.

Quando você vai a um restaurante, a leitura do cardápio é apenas uma promessa do prazer que sentirá quando

> *Organize sua vida de modo a nunca perder.*

degustar de fato o prato que escolher. Este livro se parece muito com um cardápio. Por mais que tenha apreciado a descrição da vida extraordinária que o espera, o resultado da implementação dessas idéias será muito mais proveitoso do que você pode imaginar.

Toda aventura começa com o primeiro passo. Ao fechar este livro, dê o primeiro passo no caminho que o levará ao encontro da pessoa extraordinária que você nasceu predestinado a tornar-se.

onze atitudes para criar uma vida extraordinária

Diga a verdade.
Peça o que você quer.
Mantenha sua palavra.
Assuma a responsabilidade por seus atos.
Acrescente segurança financeira a sua vida.
Acrescente bons sentimentos a sua vida.
Acrescente dignidade a sua vida.
Acrescente compaixão verdadeira a sua vida.
Acrescente expressão criativa a sua vida.
Acrescente consciência vigilante a sua vida.
Ligue-se a um poder mais alto.

a décima segunda atitude

Dê exemplares deste livro de presente a seus amigos. Tornem tudo mais fácil em conjunto!

Este livro foi impresso pela Prol Gráfica
em papel *offset* 75g.